LA PLUS HAUTE

QUESTION SOCIALE

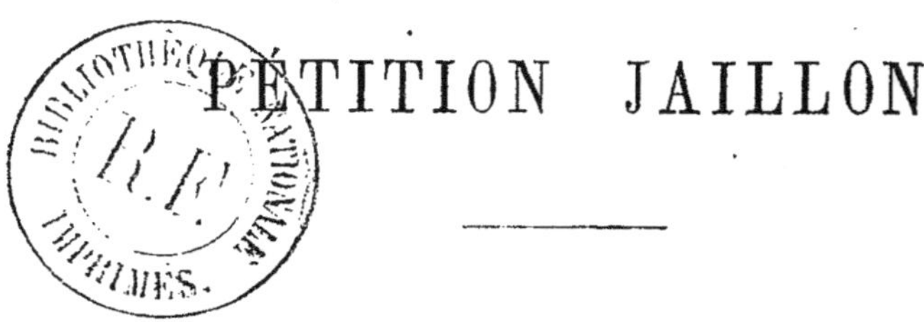

PÉTITION JAILLON

A

MESSIEURS LES PRÉSIDENT DU SÉNAT & SÉNATEURS

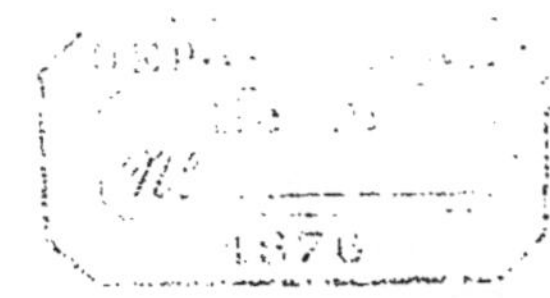

PARIS

IMPRIMERIE WALDER

22, RUE DE L'ABBAYE, 22

1876

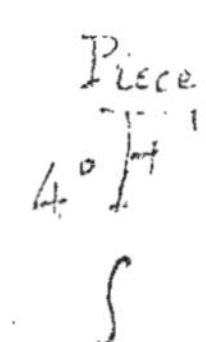

A MESSIEURS

LES PRÉSIDENT DU SÉNAT & SÉNATEURS

Messieurs les Sénateu·:

Salut !

Que toute sagesse et toute justice soient avec vous, nous en avons un immense besoin. Et moi, Messieurs, de votre attention, de votre bienveillance et de votre secours. — Vous n'êtes plus les Sénateurs de l'Empire, obligés d'endosser tous les crimes produits par ce monstrueux régime. — Sénat sans dignité, par lequel je fus injurié, stigmatisé, pour lui avoir demandé justice d'un crime commis par les Tribunaux à mon détriment, pour l'avoir demandée avec persistance et autorité, comme un droit. Sénat qui devait périr misérablement. Je n'en pouvais attendre autre chose. — De vous, Messieurs, je dois espérer mieux, sinon une réparation, puisqu'on prétend qu'avec tous vous droits, vous n'avez pas celui de réformer une indignité judiciaire, vous avez du moins celui de l'exiger. La subversion des lois ne peut vous être indifférente, vous avez le droit, peut-être le devoir, de vérifier, de reconnaître ou de constater celles que l'on vous signale.

Si je m'adresse au Sénat, c'est de désespoir de ne pouvoir m'adresser à mes concitoyens, au public, que mon histoire intéresse, qui me rendrait justice. Comme lui, vous me la rendrez.

Après l'ouragan dévastateur, image du régime disparu, le calme réparateur reviendra par vous, Dieu le veuille.

Je vous attendais dans l'avenir, pour réparer ce que le Sénat de l'Empire ne pouvait ni ne voulait réparer. Vous êtes arrivés, Messieurs. Ce pressentiment ne m'a pas trompé. J'ai compté sur vous quand vous étiez dans l'infini, dans le néant. — M'abandonnerez-vous, après vous avoir tant aspirés ?

Cet autre pressentiment, que vous seriez ma providence, sera-t-il une illusion ?

Soyez mes sauveurs ; en me sauvant, vous sauverez la société. Vous prouverez qu'on ne commet pas impunément l'iniquité. Vous en ferez voir, une fois, le danger.

La chose jugée a été mille fois critiquée, condamnée. Il est inouï qu'on me conteste le droit de démontrer que celle qui m'a atteint est abominable et de dire à tous ce que je viens vous dire, Messieurs : que l'audace a été poussée jusqu'au point de prendre les Tribunaux pour complices d'un vol infâme et que les Tribunaux l'ont réalisé ; dans un moment de fièvre politique et pernicieuse, il est vrai, où tout était à l'arbitraire, au bouleversement, à l'audace : Tribunaux sans probité, Sénat sans honneur, Gouvernement sans scrupule. Nous en étions là !

Le vol dont j'ai été victime est énorme, saisissant, odieux. M'incliner devant lui eût été une lâcheté. — L'autorité de la chose jugée disparaît, lorsque c'est la chose jugée qui est le vol, le vol par excellence.

Nous avons des lois qui punissent le vol ; peuvent-elles cesser de me protéger, même contre le vol produit par les tribunaux, dès qu'il est flagrant, dès qu'il se constate par lui-même, dès qu'il saute aux yeux, dès qu'on peut le prendre sur le fait?

On peut, Messieurs, le reconnaître à tous ces signes. Après l'avoir reconnu, il faut se demander : si c'était par celui-là, si c'était par ceux-là que je devais être volé?

Question de moralité importante à résoudre :

Celui-là, qui était juge, qui siégeait du moins avec eux, nous fit juger par ceux-là, qui étaient ses collègues, ses amis, ses protecteurs ; connaissant leur esprit, leurs dispositions, leur dévouement, assuré d'être secondé par eux. — Ce qui n'a pas manqué. — Profitant de l'instant où le gouvernement venait de sortir de la légalité, — de toutes les légalités, — pour faire fortune, par tous les moyens; et d'en donner l'exemple à tous. Ce n'étaient que pillage, extorsions, intimidations, terreur. On se le rappelle. Vous le savez, Messieurs: impunité assurée à tous les forfaits administratifs, qui ne pouvaient manquer de suivre les siens.

Moment terrible, où tout ce qui était honnête était à la merci des fripons, à qui il suffisait de faire du zèle, d'approuver l'Empire, de le servir à outrance. A ce prix, on pouvait tout se permettre, on avait tout à gagner, rien à perdre, rien à craindre.

Aussi, que de partisans, que d'adhésions intéressées !

Ce qui m'a été volé, on me le doit. Aucune puissance au monde ne peut libérer mon débiteur. Il n'y a que moi, il n'y a que sa conscience qui peuvent le faire. Je ne le libère pas, et, j'en jure par mon salut, sa conscience non plus.

Non ! il n'est point honorablement quitte.

La société compromise et corrompue qui l'a tenu quitte est anéantie, tombée dans l'opprobre. Celle qui lui succède, qui a mission de nous régénérer, ne peut nous relever que par l'épuration, pour nous ramener aux sentiments de la justice et du devoir.

Oserait-elle l'acquitter aussi?

Je n'ose le croire, je ne puis l'admettre.

Dans ce cas même, il n'aurait point encore ma quittance, ni la sienne; car, devant Dieu, il sait qu'il m'a frustré par le plus impardonnable des moyens, contre lequel il savait que je ne pouvais lutter avec succès contre lui, n'ayant que mon droit, et lui, toutes les ruses, toutes les influences, toutes les ressources.

Il sait que mes droits n'ont été détruits que par la force, sans justification, et qu'ils n'ont été ni abandonnés, ni perdus; que la loyauté peut et doit les faire revivre.

Il pouvait me payer dix fois, sans nuire à son bien-être, mais il avait besoin d'anéantir le mien, de me réduire à l'impuissance absolue, de peur que je lui nuise. Je ne lui avais fait que du bien. Je n'ai point nui à sa fortune, que par les sacrifices qu'il a pu faire pour nuire à la mienne. Et, pour me faire tout le mal possible, aucun sacrifice ne pouvait lui coûter.

Il a réussi, la justice a été son puissant auxiliaire. Elle a comblé tous ses vœux, secondé tous ses sinistres projets.

Je m'y attendais...

Tous me le prédisaient. Qu'y faire ? Se défendre avec énergie !

Oh ! je l'ai fait. Me Marie m'a prêté l'appui de son talent. Il était républicain, nouveau sujet de défaveur pour moi, que je n'avais pas prévu, qui fut exploité perfidement. Au 2 décembre, j'avais aussi donné l'hospitalité au député de Toulouse, M. Joly, que nous avons soustrait à Mazas, mais non à l'exil. Donc, j'étais un républicain farouche et à craindre.

La politique, prétexte inavoué, inavouable, sur lequel on ne peut se défendre, triomphe de tout.

On sait le sort qui était réservé à ceux-là ; je l'ai subi comme tant d'autres. Dans ces cas-là on sait d'avance qui perdra ou gagnera un procès, quel qu'il soit.

Personne ne fut trompé.

Qu'est-ce donc que la justice ? je vous le demande. Condamné d'avance !...

Est-ce par ce procédé sommaire que j'ai été jugé ? Il le faut bien. Je le crois.

Ne dites plus, Messieurs, comme on le répète si souvent dans vos assemblées, que le premier principe est le respect de la Magistrature et de la chose jugée.

Respectons ce qui est respectable, rien de plus.

Pendant qu'il me ruinait d'un côté, il m'épuisait de l'autre par trois ans de procès dont il semblait conduire, à son gré, tous les fils. On ne se relève pas d'un pareil désastre, quand on approche du demi-siècle, chargé de famille et un ennemi pareil. Il faut de suite contracter des dettes, et les charges de famille et de société auxquelles on ne peut plus suffire achèvent insensiblement la ruine.

Et tout, tout s'accumule pour vous écraser tout à fait. Que de souffrances morales je lui dois, à celui-là qui a eu si besoin de m'anéantir ! Que de luttes contre l'adversité pour arriver enfin à une vieillesse aux abois.

A-t-il donc été beaucoup plus heureux ? La Providence lui a suscité quelques mécomptes ; mais il avait de l'argent pour tout. Ce qu'il n'a pas eu, c'est la satisfaction de soi-même qui m'a soutenu, seule chose qui me reste.

Faut-il avoir tant d'argent et n'en avoir que pour les vanités, les folies, la perversité et la corruption, jamais pour le devoir.

Un jour peut venir, cependant, où il faudra compter avec lui. Inexorable loi de l'honneur qui ne perd jamais ses droits.

L'iniquité a souvent une fin terrible. Il dépend de vous que celle-ci ait la fin qu'elle mérite.

Il y a toujours eu des juges pour juger en dépit des lois, des droits, de l'équité, de l'honneur; et nous avons avons toujours confiance en eux. Est-ce que le prêtre impie qui s'en sert au lieu de le servir parvient à détruire notre confiance et notre croyance en Dieu ?

Nous apprécions ce que les juges font de bien. Nous sommes indulgents pour leurs fautes qui se conçoivent. Soyons sans indulgence pour celles qui ne se conçoivent pas, qui méritent vos justes sévérités. Il y a tant de ces fautes sous le ciel qui nous abrite, que la société en est découragée, que la magistrature en est déconsidérée. On en a peur parce qu'elle est impitoyable, elle qui devrait avoir toute notre confiance.

On est stupéfait de ne rien voir au-dessus d'elle, de ne rien voir au delà de ses fautes, qui n'ont pas d'excuse : ni révision, ni réparation, ni ministre, ni souverain.

Elle est omnipotente dans le mal comme dans le bien. Au-dessus de tous, elle peut faire tout ce qu'elle veut. C'est à se demander pourquoi on fait des lois.

Ainsi, je suis volé : la loi est pour moi. Mais je le suis par elle : la loi n'est plus pour moi.

L'autorité de la chose jugée l'emporte. Que le vol soit éclatant comme la lumière du jour, il est acquis, admis, éternel.

Peine perdue que de l'attaquer.

Le vol admis, acquis, légitimé !...

Voilà le critérium de la probité, c'est-à-dire le comble du danger et de la mauvaise foi.

Je me trompe, il y a erreur ou malentendu. Nos fortunes ne peuvent reposer sur une imperfection semblable, sur un caprice de deux tribunaux. Où serait la logique, la bonne foi ?

Il faut bien se rendre à l'évidence ! Il y a plus, même :

Si j'accuse mes juges sur des preuves matérielles, irrécusables, si je les accuse d'iniquité volontaire : je les diffame. Je ne suis plus un homme volé, je deviens un diffamateur. Eussé-je mille fois raison, je ne puis plus me faire écouter d'eux. Je ne suis plus une victime à qui on doit protection : je suis un homme voué à de nouvelles persécutions.

Si je veux prouver que la fin de non-recevoir résultant de la chose jugée, contre laquelle il y a tant à dire, est la négation de toute justice, par des exemples sans nombre, frappants, comme Galilée, je serai en contradiction avec toutes les idées reçues, fondamentales, sur lesquelles le monde se meut, et, comme tel, exposé aux fureurs de ceux qui vivent de toutes nos turpitudes et à nos dépens, poursuivi comme insensé, téméraire.

Si je veux démontrer que nous pouvons facilement remédier aux imperfections des œuvres de la justice, sans rien changer à ses institutions, solution cherchée depuis des siècles, comme je ne puis le faire qu'en prouvant le besoin urgent de cette perfection par les imperfections de cette même justice, et que ce que j'ai à en dire, en dehors de ce qui me concerne, m'épouvante, et que ce que j'en dis, en ce qui me concerne, est déjà épouvantable ; quel que soit mon but, il ne m'est pas permis de dire tout cela, sans que la justice intervienne pour me frapper et ceux dont il me faut le concours. Pour éclairer et améliorer, il faut liberté entière. Tant que l'imprimeur sera responsable, il reculera et le progrès aussi, il est même impossible de se défendre.

De ces épouvantes, on en revient avec soulagement. On regarde derrière soi, on voit un danger affreux qu'on ne connaissait pas, auquel on a échappé, et qu'il est utile de connaître.

Nous en sommes là, dans notre belle société, dans notre admirable civilisation.

On ne peut y obtenir justice.

On ne peut chercher à l'améliorer.

Qui est responsable de cette situation barbare ? Des législateurs impitoyables et inconscients.

Je me suis défendu devant deux tribunaux avec la certitude de n'en point avoir satisfaction.

Je me suis adressé à un Sénat avec la même certitude.

J'ai la conviction de trouver justice et sympathie dans le peuple : toutes les précautions sont prises pour l'empêcher, avec tous les soins imaginables.

Dans quel but ?

Il m'est impossible d'en trouver une honnête explication.

La probité est ou elle n'est pas.

Si elle n'est plus, tout s'explique.

Sénateurs, il vous en faut outre mesure, ou tout est perdu.

Qu'est-il devenu ce point d'honneur si délicat sur la probité qu'en mon enfance on suçait avec le lait de sa mère ? — Point d'honneur ! Probité ! Tout cela a été banni, tout d'abord ; nous avons vécu sans cela, et sans cela on vit bien ! Avec cela, on végète. Demandez-le plutôt aux millionnaires de l'Empire; ces choses-là leur font pitié et peur. C'était bien cela, si je ne me trompe pas, le premier principe à encourager et à honorer. Il prime tous les autres, même le respect de la chose jugée, qui trop souvent est la plus mortelle offense à cette probité.

Si l'on en doute, j'en donne la preuve, qu'on l'interroge.

Conclusion :

Je ne vous demande, Sénateurs, que justice. Et justice, il y a toujours possibilité de la faire, il ne faut être que juste. Je ne connais aucun obstacle sérieux contre elle. Là, est la probité ; contre elle, il n'y a que l'improbité.

J'accuse un rapport d'arbitre que je vous soumets d'être le vol, le vol raffiné, calculé, dissimulé et prémédité. Tout cela apparent. Il n'y a qu'à le lire pour s'édifier.

Rapport approuvé, sanctionné, purement et simplement, par deux degrés de juridiction.

Est-il frauduleux, ou non ? toute la question est là.

S'il est frauduleux, aucun tribunal n'avait le droit de le sanctionner.

Ceux qui l'ont sanctionné n'ont rien ignoré, pas même leur abus de pouvoir. Que la délation, la corruption ou tout autre motif secret en soit la cause, le fait est là, simple, immuable, seul à examiner, à constater.

Qu'importent les causes? elles ne sont pas à rechercher.

Le droit qu'on n'a pas, on le prend, sous un gouvernement qui a tout pris, qui a besoin de vous acheter et qui vous dit :

De par mon sabre, nous n'avez rien à craindre : ni contrôle, ni blâme, ni publicité.

Nous vivions sous ce gouvernement-là, les Français l'ont supporté. Quel déshonneur pour une nation ! Que d'actions odieuses se sont produites, contre lesquelles il était inutile de réclamer! Enfin, il s'est écroulé, ce gouvernement de boue et de sang, dans l'excès de ses forfaits, qu'il faut songer à réparer. Nous avons vu son régime se survivre jusqu'ici ; c'était à désespérer de toute probité, et, sans probité, point de bonheur pour personne.

Aussi, que de misères, que de souffrances sont là à attendre un nouvel état de choses un peu clément, qui leur permette de se produire, de protester, de réclamer !

Qui souffrait ainsi dans l'oubli, dans l'amertume, dans l'oppression? Tous les gens de cœur, d'honneur, ce que nous avions de plus honorable.

Sachons maintenant s'il y aura en France, au-dessus de

toutes ces iniquités, une justice, une puissance, une volonté capable de réparer une injustice, résolue d'avance, que je poursuis depuis vingt ans, sans pouvoir vaincre l'indifférence, le mauvais vouloir des hommes qui gouvernent.

Injustice, disons mieux : infamie, qui devrait soulever toutes les clameurs.

Infamie qui m'a réduit à toutes les tortures du besoin et de l'esprit, qui me fera mourir pauvre, attelé au travail pour vivre, jusqu'à ma dernière heure. Détail insignifiant, je le sais, pour ceux qui ne manquent de rien, pour ceux à qui nous faisons des positions brillantes pour nous protéger, et qui ne protégent que leurs fortunes.

Je n'en serai pas déshonoré. En sera-t-il de même pour ceux qui ont fait ma ruine sans scrupule, au lieu de me protéger ?

En sera-t-il de même pour les Sénateurs qui se sont fait colères pour se soustraire à mes plaintes, pour échapper à tout examen, à toute justice tutélaire ?

En serait-il de même pour vous, Sénateurs nouveaux, si vous éludiez aussi le plus grand de tous vos devoirs, celui de protéger ceux qui n'ont de ressources qu'en vous ?

Ci-joint mon factum, à examiner ou à faire examiner,

Pour votre édification,

Pour ma justification,

Ou pour me convaincre si j'ai tort, puisque jugement et arrêt n'ont rien fait pour cela, par la plus forte des raisons, par l'impuissance d'en pouvoir donner de judicieuses.

On me les doit, cependant, suivant la loi ; on doit me convaincre.

Je finis par quelques considérations qui vous toucheront peut-être.

Rappelez-vous, Messieurs, que les plus grands malheurs, les malheurs les plus poignants et les plus irréparables sont venus des erreurs de la justice.

Mille preuves en font foi dans les documents de l'histoire, dans la république des lettres.

Il n'est pas un de nous qui ne connaisse maintes décisions judiciaires malheureuses, ignorées, sur lesquelles la misère et la mort ont plané, sans que la plublicité qui leur était due, qui est un besoin social, les ait révélées, sans que le public sache et connaisse ce qui l'intéresse au plus haut point.

On cache, on interdit la parole qui accuse, puis on lui dit :

La justice est infaillible à l'honneur ; elle ne commet d'erreurs que trompée par les apparences, les faux témoignages, sans intention mauvaise.

On nous oblige de ne jamais la suspecter, de n'en pas croire nos yeux et nos observations, de ne point admettre d'erreurs volontaires, intéressées.

Il faut l'admettre, la croire incorruptible, ce qui n'est pas le moyen de faire qu'elle le soit. Ce qui est réel, c'est qu'elle commet d'innombrables et monstrueuses fautes, dont les conséquences sont secret d'Etat.

Là est la plus grande plaie de l'Etat. Et le plus beau jour à venir sera celui où l'on comprendra que le secret n'est pas fait pour éterniser les calamités judiciaires, que le contrôle doit les éclairer et qu'une révélation, qu'un indice, que l'opinion publique, venant faire lumière, faire éclater l'évidence, une réparation immédiate et bienfaisante s'impose.

Ce jour-là, la justice française fera un pas de géant, elle marchera à sa perfection. Faites, Messieurs, la révision sérieuse, accessible à tous, sans prescription. Vous ferez, par cela même, que les causes mal jugées seront aussi rares qu'elles sont multipliées.

Cela se sent, cela se conçoit, inutile d'insister. Il est vrai que cela ne prouverait pas que nous n'avons à craindre que des erreurs involontaires.

Cette révision ne suffirait pas, mais, le reste, nous pouvons le faire : cela nous regarde et ce sera à nous à y pourvoir. Ce sera l'objet que je me propose de traiter lorsque j'en aurai la liberté sans me compromettre, ni les tiers.

J.-J. Rousseau a dit :

Ce qu'il y a de plus nécessaire et peut-être de plus difficile dans un gouvernement, c'est une intégrité sévère à rendre la justice à tous et surtout à protéger le pauvre contre la tyrannie du riche.

Il n'y a de difficile en cela que de le vouloir. L'évidence prouve que la volonté y a toujours été contraire.

Tout, tout le démontre.

Pourquoi ne veut-on pas m'écouter, moi, victime si flagrante de la tyrannie du riche, dépouillé de tout en sa faveur?

Pourquoi tant de précautions prises pour empêcher qu'on puisse discuter la chose jugée publiquement?

Pourquoi tant de précautions prises pour qu'on ne puisse demander et proposer des améliorations dans la justice distributive?

Une injustice faite à un seul, a dit Montesquieu, est une menace faite à tous. Je voudrais, disait Solon, que l'injustice faite à un citoyen fût commune à tous, que tous en ressentissent l'offense.

Pour cela, il faut que l'injustice retentisse, et on lui ferme la bouche. Celle qui ne dit rien en appelle d'autres. Celle qui proteste est un bienfait public, un enseignement, une menace renvoyée. On l'empêche. Si la légèreté ou l'incapacité, — fléaux publics, — l'ont produite, elle reporte à qui de droit la responsabilité, — public supplice — des actes qui ne sont pas marqués du sceau de l'équité, de la plus pure impartialité, de la plus exemplaire bonne foi.

Honte pour les uns, avertissement pour les autres, écueil signalé, danger amoindri, tel est le fruit d'une plainte légitime, qui suscite la solidarité dans le bien, qui blesse et détruit l'égoïsme, la mauvaise foi, et éloigne le mal. Semence utile qu'il faut cultiver beaucoup pour la faire fructifier, pour qu'elle soit féconde. Pourquoi la prohiber? Il faut sans cesse émonder, sans cesse extirper les mauvais germes; sans quoi la bonne plante est étouffée sous la parasite, comme l'homme bon est étouffé par l'homme vicieux, qui a toujours la parole.

Les leçons d'honnêteté et de justice se perdent, mille fois répétées, si on ne les reproduit aussi souvent que le mal.

Singulier contraste:

Au physique, le chirurgien, qui vous ôte un membre, vous ordonne de crier et de vous plaindre.

Au moral, la société, qui vous écorche tout vif, vous ordonne de vous taire, elle vous force au silence. Les lois impérieuses de la nature et de l'honnêteté s'y opposent. Celui qu'on écorche, il faut qu'il crie. S'il faut son silence, il serait plus humain de le tuer.

Dans notre littérature, on lit ceci :

« Je sais qu'il y a des cas où l'homme de mauvaise foi est
« en quelque sorte soutenu par l'ordre social dans la pos-
« session du fruit de son iniquité, comme, par exemple, par
« le gain d'un procès injuste. Les jugements humains ne
« sont point infaillibles et l'homme honnête souffre de cette
« imperfection.

« Husson. »

Ce n'est pas moi qui parle. Ce n'est pas moi qui dis cela. Ce n'est pas pour moi que cela a été dit. Paroles bien sinistres, bien justes, bien vraies, qu'il m'a été donné de vérifier bien cruellement !

Quelqu'un les aurait-il plus cruellement encore vérifiées ?

Oh ! oui, sans doute, et en grand nombre, qui ont gémi, pâti, reconnu le néant des protestations.

Oui, l'ordre moral soutient l'homme de mauvaise foi dans la possession du fruit de son iniquité avec autant de précautions et d'énergie, de sollicitude même, qu'il met d'affectation et d'éloignement à protéger l'homme de bien qui souffre, qui en appelle à sa droiture, à son cœur, à son impartialité, à son devoir, et à la protection, qui lui est indispensable.

Oui, l'ordre social tend toutes ses mains, donne toutes ses faveurs à celui-là, qu'il retire à celui qu'il a dépouillé, qu'il livre à l'abandon, qu'il dédaigne. Oh ! la solidarité dans le mal est, dans l'ordre moral, indestructible, inattaquable, affreuse.

Oui, voilà bien l'ordre social qu'on voudrait maintenir, dans lequel il n'y a pour l'homme honnête ni droits, ni lois, ni Sénat, — du moins jusqu'à vous, Messieurs.

Il y a, au-dessus de tout cela, un vice plus puissant que tout cela, dans l'ordre social. Ce vice, je le connais, j'ai été aux prises avec lui, je l'ai vu, je l'ai senti, je le combattrais peut-être avec plus de succès que vous, Messieurs les Sénateurs, mais il est si puissant qu'il m'empêche de parler, protégé qu'il est par l'ordre social, qui a mis tant d'obstacles à la poursuite du vice. Ce vice, anéantissez-le, commencez par là, ou toutes vos œuvres seront stériles, elles ne profiteront qu'à lui. L'iniquité détruira tout, si on ne la détruit pas.

Laisserez-vous à mon spoliateur le fruit de son iniquité, quelques centaines de mille francs avec tous ses millions, sa soif de les augmenter encore, et à moi la perspective de l'hôpital ?

Non ! La question est trop haute, vous la verrez à son véritable point de vue, telle qu'elle m'est apparue, ce qui a été mon stimulant. Il ne s'agit pas que de moi, il s'agit de la plus haute question sociale, pour la réforme d'un ordre social qui a tout compromis gravement.

Question capitale et urgente.

A ce titre, vous examinerez, vous approfondirez, vous réviserez. Vous ne voudrez pas rester en doute sur les abus de la justice et laisser la société en péril.

Péril où j'ai perdu seulement pour ma part :

Vingt-deux années d'un travail surhumain. Depuis, vingt-quatre années de souffrances sans tranquillité ni bonheur. Ce n'est pas tout. A présent, la vieillesse rebutée entre aux prises avec la pénurie. Si la vieillesse est longue, elle sera insupportable.

Dans le bilan des calamités humaines, tout cela ne compte pour rien. Septuagénaire bientôt, l'ordre social n'a plus de moyens d'existence a me donner. Comment vivre ?

Ai-je le droit de maudire la chose jugée ?

Ai-je le droit de la combattre ?

Avec ces droits, avec ma plume je vivrais et serais utile à la société. Ces droits, qu'on ne peut me contester, on a su mettre des entraves à leur exercice et je ne puis m'en servir. Hâtez-vous de nous délivrer de l'oppression qui nous étouffe.

Les hommes sans cœur de l'Empire se sont déshonorés pour me dépouiller sans pitié, injustement, comme républicain, autre chose aidant peut-être. Ils n'ont pas hésité.

Les républicains doivent s'honorer en me faisant restituer ce qui m'a été confisqué. Hésiteront-ils?

Mesure de justice et d'équité contre mesure d'iniquité de parti et d'atrocité.

Mon devoir a été fait, j'ai protesté, sans relâche, sans faiblesse.

J'attends que la probité parle, si elle est revenue de l'exil, si on a pensé à la rappeler.

Je m'en remets à Dieu et à vos consciences et m'y confie.

Recevez,

Messieurs les Sénateurs,

l'assurance de mes respects

et de ma haute considération,

JAILLON,

6, RUE DE BRAQUE.

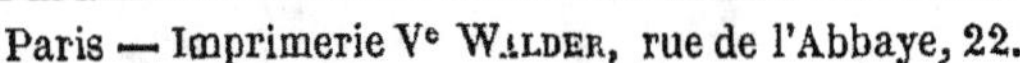